Impressum
Verlag: BABADADA GmbH, Nedderfeld 112 , 22529 Hamburg
Geschäftsführer / Verlagsleitung: Harald Hof
Druck: Books on Demand GmbH, In de Tarpen 42, 22848 Norderstedt

Imprint
Publisher: BABADADA GmbH, Nedderfeld 112 , 22529 Hamburg, Germany
Managing Director / Publishing direction: Harald Hof
Print: Books on Demand GmbH, In de Tarpen 42, 22848 Norderstedt

AF187655

iskola

shule

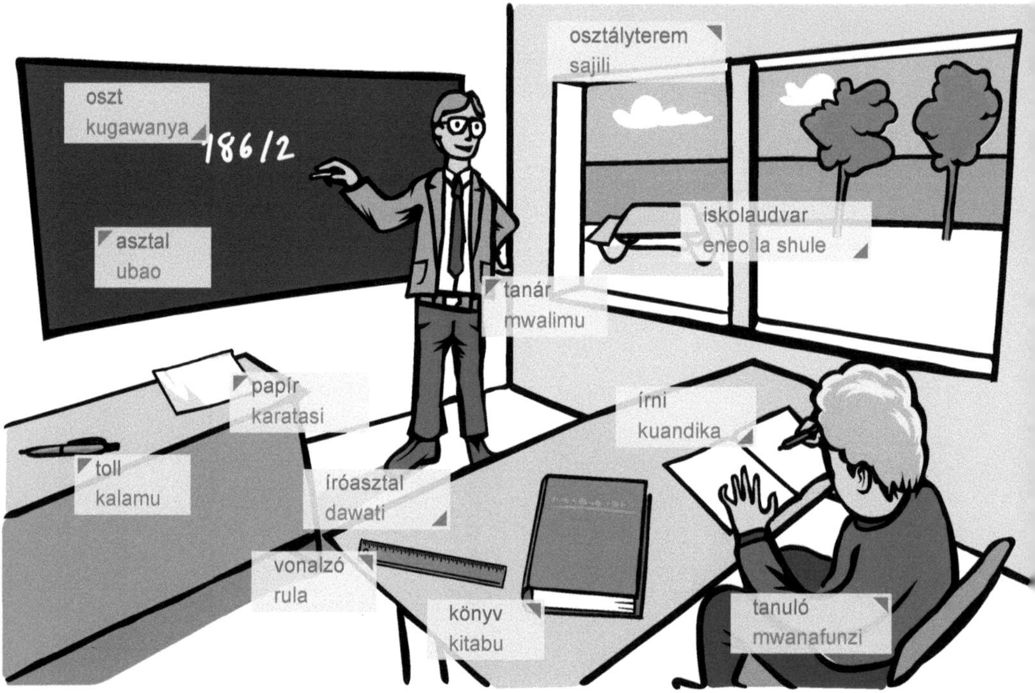
osztályterem
sajili
oszt
kugawanya
186/2
asztal
ubao
iskolaudvar
eneo la shule
tanár
mwalimu
papír
karatasi
írni
kuandika
toll
kalamu
íróasztal
dawati
vonalzó
rula
könyv
kitabu
tanuló
mwanafunzi

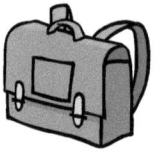

iskolatáska

mkoba

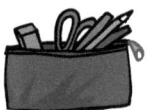

tolltartó

kikasha cha penseli

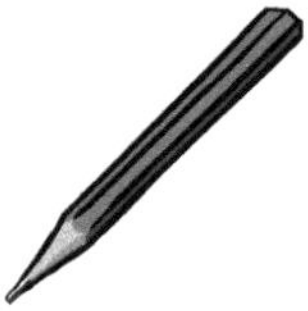

ceruza

penseli

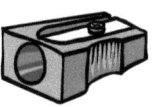

ceruzahegyező

kichonga penseli

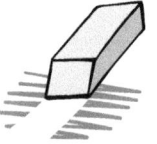

radír

mpira

rajzfüzet

pedi ya kuchora

rajz

uchoraji

ecset

brashi ya rangi

festőkészlet

sanduku la rangi

olló

mkasi

ragasztó

gundi

munkafüzet

daftari

házi feladat

kazi ya nyumbani

12

szám

nambari

2+2

összead

jumlisha

5-2

kivon

ondoa

2×2

szoroz

zidisha

számol

kokotoa

A

betű

barua

**ABCDEFG
HIJKLMN
OPQRSTU
VWXYZ**

ABC

alfabeti

szó

neno

szöveg

maandishi

olvasni

kusoma

kréta

chaki

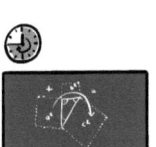

tanóra

somo

napló

sajili

vizsga

uchunguzi

bizonyítvány

cheti

iskolai egyenruha

sare za shule

oktatás

elimu

enciklopédia

elezo

egyetem

chuo kikuu

mikroszkóp

darubini

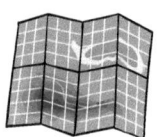

térkép

ramani

papír-hulladék gyűjtő

kikapu cha kuweka karatasi
chafu

utazás
usafiri

hotel
hoteli
Grand
szállás
hosteli
ROOMS
valutaváltó iroda
ofisi ya ubadilishanaji
CHANGE
bőrönd
sanduku
autó
gari

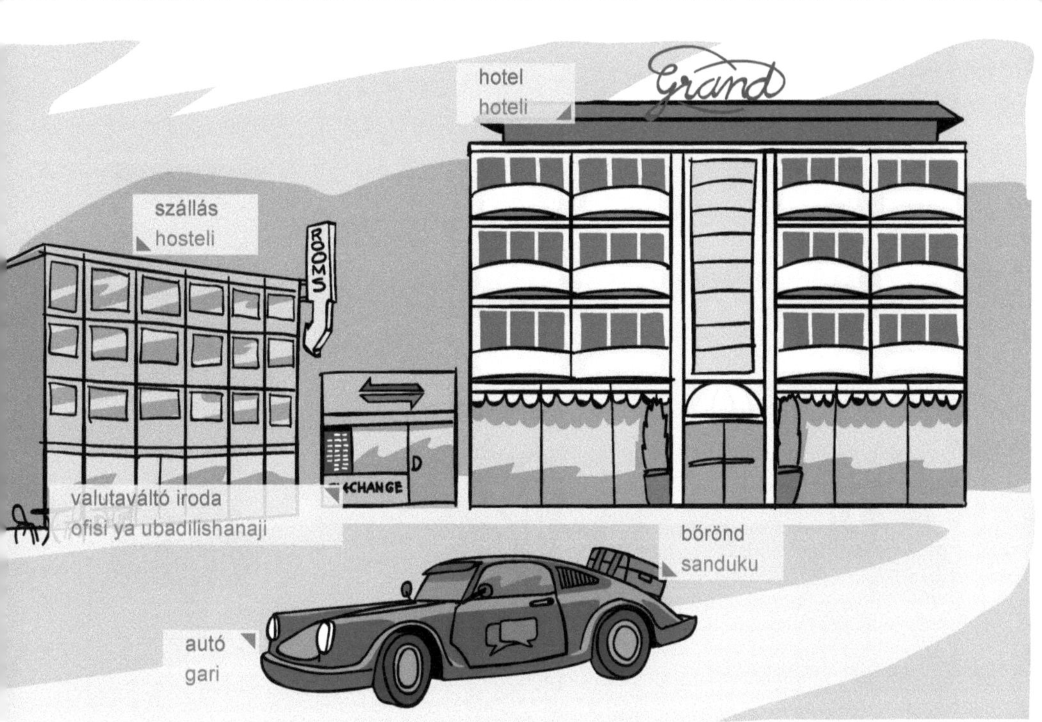

nyelv

lugha

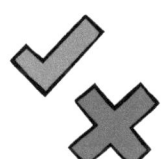

igen/nem

ndiyo / la

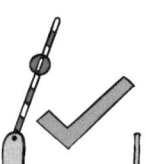

rendben

sawa

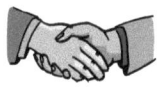

szia

hujambo

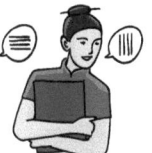

fordító

mtafsiri

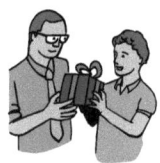

köszönöm

Asante

mennyibe kerül...?

kiasi gani ni ...?

nem értem

Sielewi

probléma

tatizo

Jó estét!

Jioni njema!

jó reggelt!

Habari za asubuhi!

jó éjszakát!

Usiku mwema!

viszontlátásra

kwa heri

útirány

mwelekeo

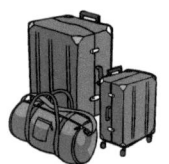

poggyász

mizigo

táska

mfuko

hátizsák

shanta

vendég

mgeni

szoba

chumba

hálózsák

begi la kulalia

sátor

hema

turista információ

taarifa ya utalii

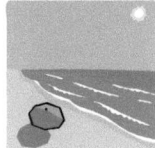

strand

ufuo

hitelkártya

kadi

reggeli

kifunguakinywa

ebéd

chakula cha mchana

vacsora

chakula cha jioni

jegy

tiketi

lift

kuinua

bélyeg

muhuri

határ

mpaka

vám

mila

nagykövetség

ubalozi

vízum

visa

útlevél

pasipoti

közlekedés

usafiri

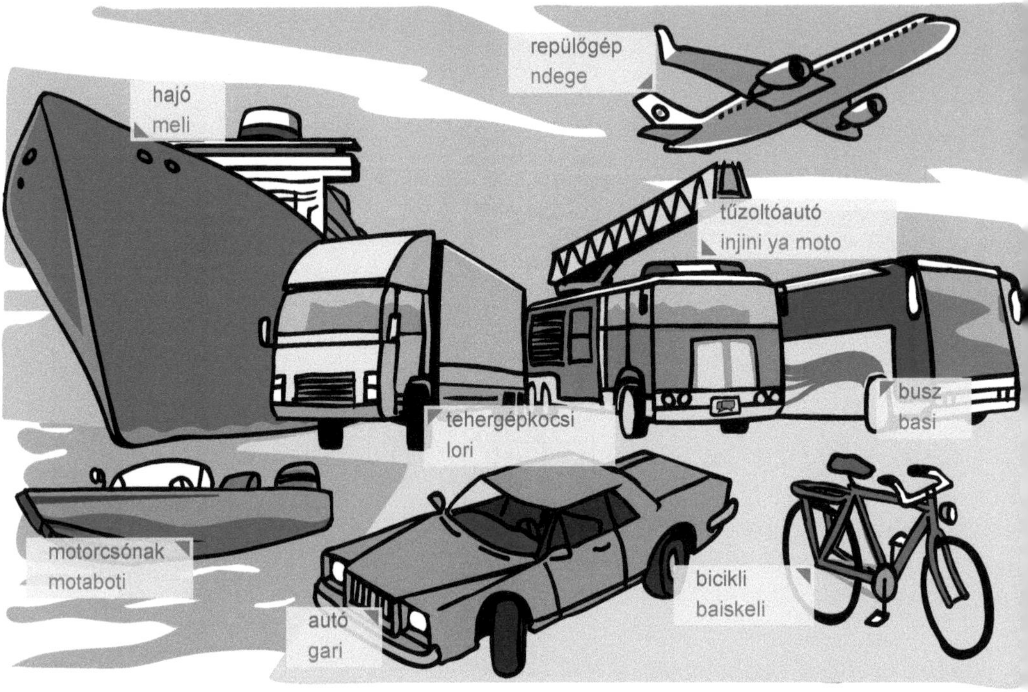
repülőgép
ndege
hajó
meli
tűzoltóautó
injini ya moto
busz
basi
tehergépkocsi
lori
motorcsónak
motaboti
bicikli
baiskeli
autó
gari

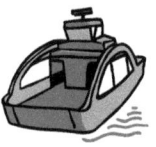

komp

feri

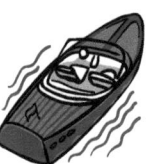

csónak

mashua

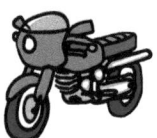

motorkerékpár

pikipiki

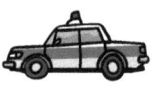

rendőrautó

gari la polisi

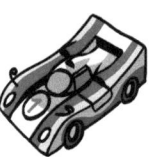

versenyautó

gari la mashindano

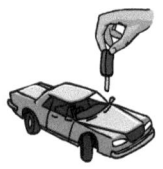

bérautó

gari la kukodisha

telekocsi

kushiriki gari

vontató

lori la kuvuta

szemetes autó

ukusanyaji taka

motor

motor

üzemanyag

mafuta

benzinkút

kituo cha mafuta

közlekedési tábla

ishara trafiki

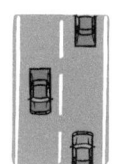

forgalom

trafiki

forgalmi dugó

msongamano

parkoló

maegesho

vonatállomás

kituo cha treni

sínek

reli

vonat

garimoshi

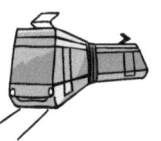

villamos

tremu

vagon

gari la mizigo

helikopter

helikopta

repülőtér

uwanja wa ndege

torony

mnara

utas

abiria

konténer

chombo

kartondoboz

katoni

taliga

mkokoteni

kosár

kikapu

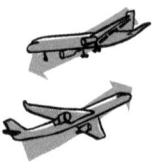

felszáll / leszáll

ondoka

város

jiji

falu

kijiji

városközpont

katikati ya jiji

ház

nyumba

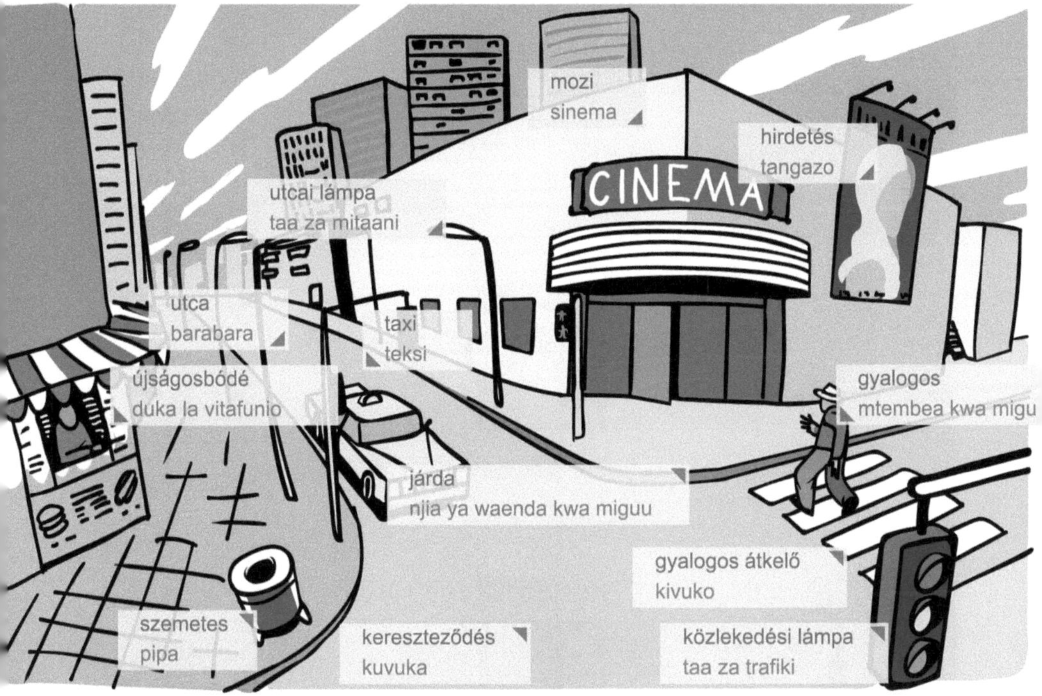
mozi
sinema
hirdetés
tangazo
CINEMA
utcai lámpa
taa za mitaani
utca
barabara
taxi
teksi
újságosbódé
duka la vitafunio
gyalogos
mtembea kwa migu
járda
njia ya waenda kwa miguu
gyalogos átkelő
kivuko
szemetes
pipa
kereszteződés
kuvuka
közlekedési lámpa
taa za trafiki

kunyhó

kibanda

lakás

gorofa

vonatállomás

kituo cha treni

városháza

ukumbi wa mji

MUSEUM

múzeum

Makavazi

iskola

shule

egyetem

chuo kikuu

bank

benki

kórház

hospitali

hotel

hoteli

gyógyszertár

duka la dawa

iroda

ofisi

könyvesbolt

duka la kitabu

üzlet

duka

virágüzlet

duka la maua

szupermarket

dukakuu

piac

soko

áruház

idara ya kuhifadhi

halárus

mwuza samaki

bevásárló központ

kituo cha ununuzi

kikötő

bandari

park

Hifadhi

pad

benki

híd

daraja

lépcső

vidato

metró

chini ya ardhi

alagút

handaki

buszmegálló

kituo cha mabasi

bár

bar

étterem

mgahawa

postaláda

sanduku la posta

utcatábla

ishara ya barabara

parkoló óra

mita ya maegesho

állatkert

bustani ya wanyama

uszoda

kidimbwi cha kuogelea

mecset

msikiti

gazdálkodás

shamba

környezetszennyezés

uchafuzi

temető

makaburini

templom

kanisa

játszótér

uwanja wa michezo

szentély

hekalu

táj
mazingira

levél
jani

útjelző tábla
ishara ya mwelekeo

út
njia

rét
malisho

kő
jiwe

túrázó
mtembeaji wa masafa

fa
mti

folyó
mto

fű
nyasi

virág
ua

völgy
bonde

domb
kilima

tó
ziwa

erdő
msitu

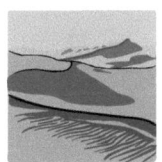

sivatag
jangwa

vulkán
volkano

kastély
ngome

szivárvány
upinde wa mvua

gomba
uyoga

pálmafa
mtende

szúnyog
mbu

légy
kuruka

hangya
chungu

méhecske
nyuki

pók
buibui

bogár

mende

béka

chura

mókus

kuchakuro

sündisznó

nungunungu

nyúl

sungura

bagoly

bundi

madár

ndege

hattyú

swan

vaddisznó

nguruwe mwitu

szarvas

kulungu

rénszarvas

aina ya kongoni

gát

bwawa

szélturbina

tabo ya upepo

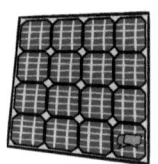

napelem

nishaji ya jua

éghajlat

hali ya hewa

étterem
mgahawa

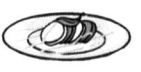

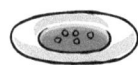

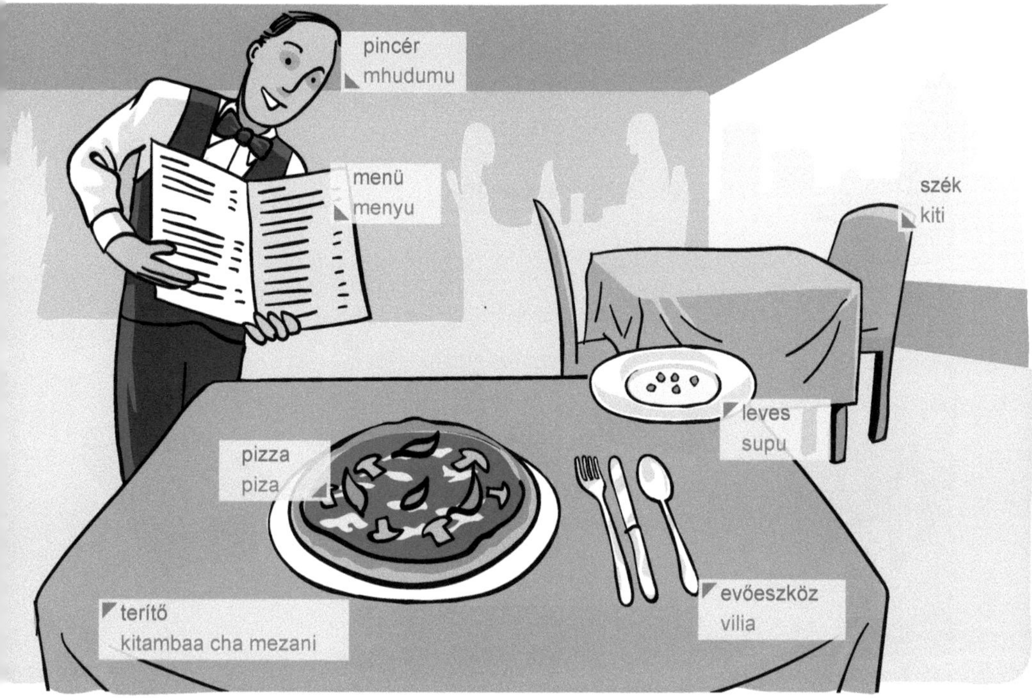
pincér
mhudumu
menü
menyu
szék
kiti
leves
supu
pizza
piza
terítő
kitambaa cha mezani
evőeszköz
vilia

előétel

kiamsha hamu

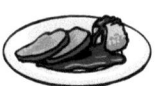

főétel

kozi kuu

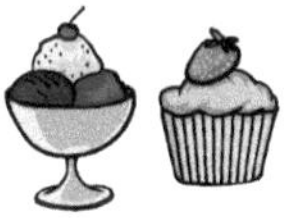

desszert

kitindamlo

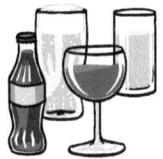

italok

vinywaji

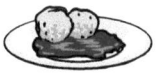

étel

chakula

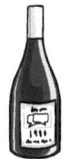

üveg

chupa

gyorsétel

chakula cha haraka

gyorsétel

Streetfood

teás kanna

buli

cukortartó

kisanduku cha sukari

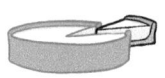

adag

sehemu

eszpresszógép

mashine ya espresso

bárszék

kiti kirefu

számla

muswada

tálca

trei

kés

kisu

villa

uma

kanál

kijiko

teáskanál

kijiko cha chai

szalvéta

nepi

pohár

glasi

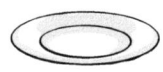

tányér
....
sahani

leveses tányér
....
sahani ya supu

csészealj
....
sufuria

szósz
....
mchuzi

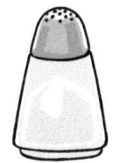

sószóró
....
kichanyaji chumvi

borsőrlő
....
kinu cha pilipili

ecet
....
siki

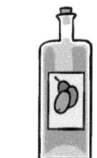

étkezési olaj
....
mafuta

fűszerek
....
viungo

ketchup
....
kechapu

mustár
....
haradali

majonéz
....
kachumbari nzito

szupermarket
dukakuu

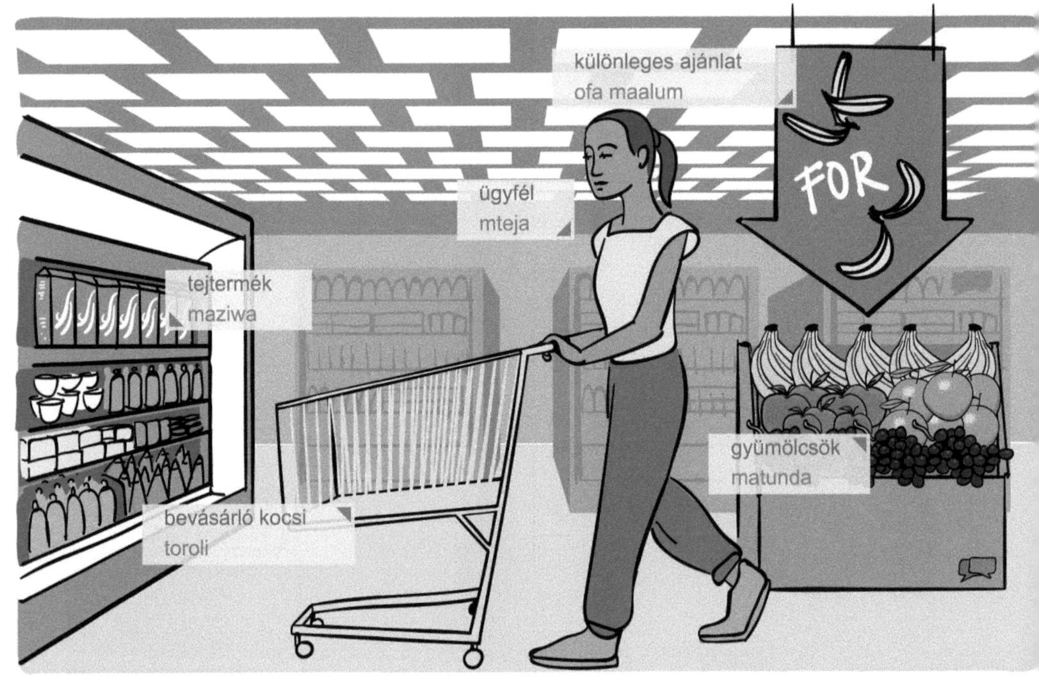

különleges ajánlat
ofa maalum
ügyfél
mteja
tejtermék
maziwa
gyümölcsök
matunda
bevásárló kocsi
toroli
FOR

BUTCHERS

hentes

mchinjaji

BAKERY

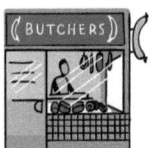

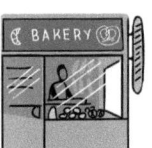

pékség

mwokaji

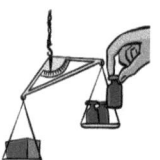

nyom valamennyit

uzito

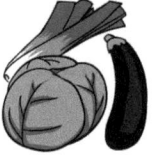

zöldség

mboga

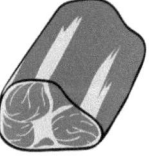

hús

nyama

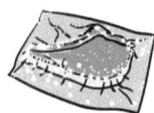

fagyasztott áru

chakula waliohifadhiwa

felvágott

vipande vya nyama baridi

konzerv

chakula cha kopo

mosópor

sabuni ya unga

édességek

pipi

háztartási termék

bidhaa za kaya

tisztítószerek

bidhaa za kusafisha

eladó

mtu mauzo

pénztárgép

mpaka

eladó

keshia

bevásárló lista

orodha ya manunuzi

nyitva tartás

masaa ya ufunguzi

levéltárca

mkoba

hitelkártya

kadi

zacskó

mfuko

műanyag zacskó

mfuko wa plastiki

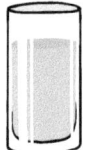

víz

maji

gyümölcslé

sharubati

tej

maziwa

kóla

coke

bor

mvinyo

sör

bia

alkohol

pombe

kakaó

kakao

tea

chai

kávé

kahawa

eszpresszó

spreso

kapucsínó

kapuchino

banán

ndizi

alma

tufaha

narancs

machungwa

sárgadinnye

tikiti

citrom

lemon

sárgarépa

karoti

fokhagyma

kitunguu saumu

bambusz

mianzi

hagyma

kitunguu

gomba

uyoga

magvak

karanga

nokedli

nudo

spagetti

spageti

rizs

mpunga

saláta

saladi

sült krumpli

vibanzi

sült burgonya

viazi vya kukaanga

pizza

piza

hamburger

hambaga

szendvics

sandwichi

hússzelet

kipande

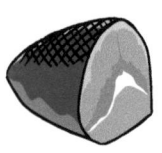

sonka

paja la mnyama

szalámi

salami

kolbász

soseji

csirke

kuku

pecsenye

choma

hal

samaki

zabkása
....
oats ya uji

müzli
....
muesli

kukoricapehely
....
cornflakes

liszt
....
unga

croissant
....
kroisanti

zsemle
....
andazi

kenyér
....
mkate

pirítós kenyér
....
mkate wa kubanika

keksz
....
biskuti

vaj
....
siagi

túró
....
maziwa mgando

sütemény
....
keki

tojás
....
yai

tükörtojás
....
yai kukaanga

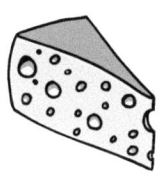

sajt
....
jibini

jégkrém

aiskrimu

cukor

sukari

méz

asali

lekvár

jemu

mogyorókrém

kuenea kwa chokoleti

curry

mchuzi wa viungo

gazdálkodás
shamba

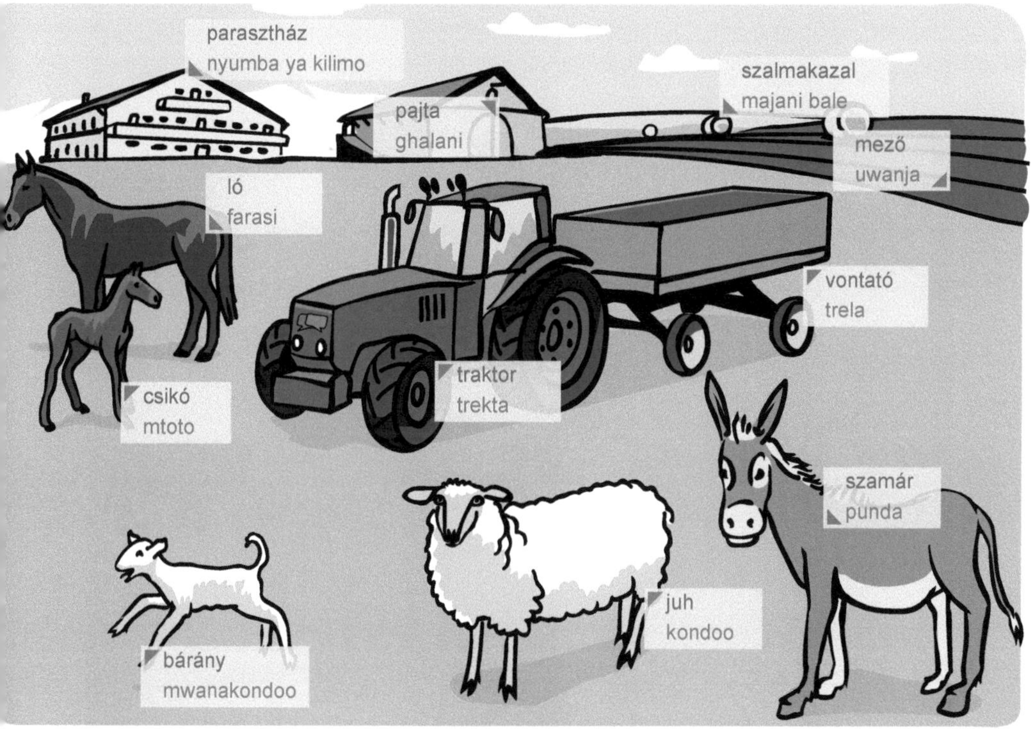
parasztház
nyumba ya kilimo
szalmakazal
majani bale
pajta
ghalani
mező
uwanja
ló
farasi
vontató
trela
traktor
trekta
csikó
mtoto
szamár
punda
juh
kondoo
bárány
mwanakondoo

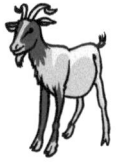

kecske

mbuzi

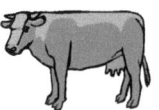

tehén

ng'ombe

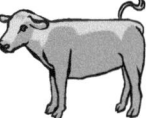

borjú

ndama

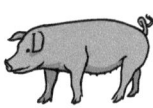

malac

nguruwe

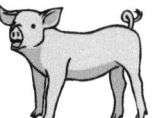

kismalac

mwananguruwe

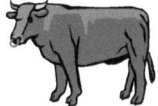

bika

fahali

liba

batabukini

kacsa

bata

csibe

kifaranga

tojó

kuku

kakas

jogoo

patkány

panya

macska

paka

egér

panya

ökör

ng'ombe

kutya

mbwa

kutyaház

nyumba ya mbwa

kerti öntözőcső

bomba la bustani

öntözőkanna

debe la kumwagilia maji

kasza

fyekeo

eke

kulima

sarló
mundu

kapa
jembe

vasvilla
uma wa nyasi

fejsze
shoka

talicska
toroli

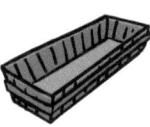

teknő
kupitia nyimbo

tejes kancsó
chombo cha maziwa

zsák
gunia

kerítés
ua

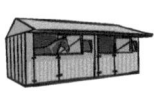

istálló
imara

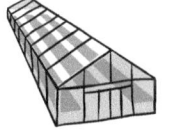

üvegház
chafu

talaj
udongo

vetőmag
mbegu

trágya
mbolea

cséplőgép
kivunaji

szüretelni

mavuno

betakarítás

mavuno

yamgyökér

viazi vikuu

búza

ngano

szója

soya

burgonya

viazi

kukorica

mahindi

repcemag

rapa

gyümölcsfa

mti wa matunda

manióka

muhogo

gabona

nafaka

gazdálkodás - shamba

ház

nyumba

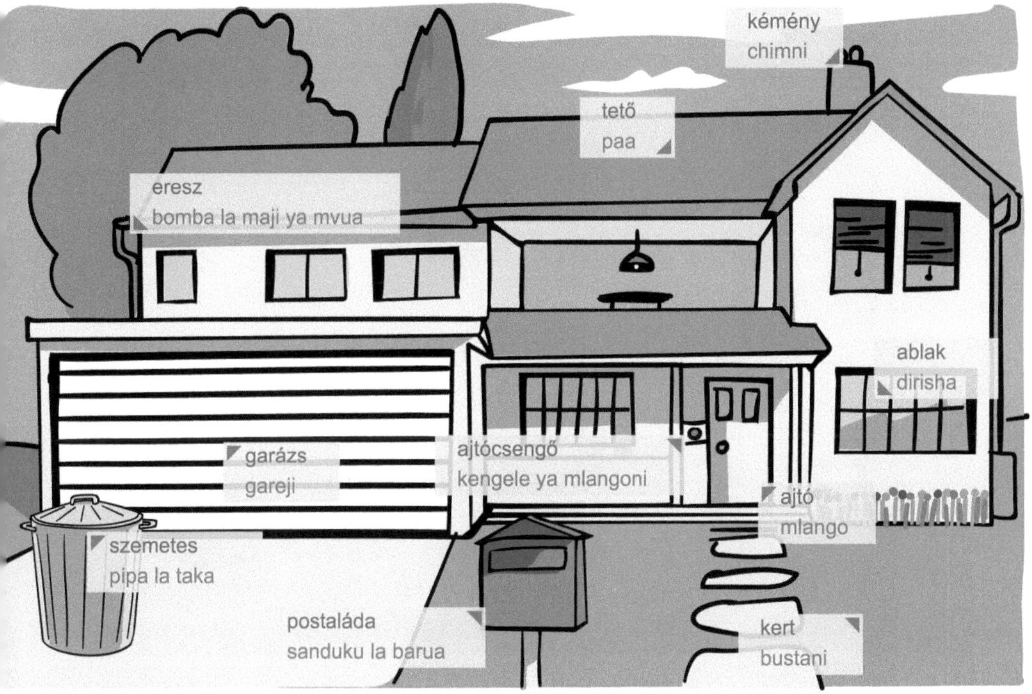

kémény
chimni
tető
paa
eresz
bomba la maji ya mvua
ablak
dirisha
garázs
gareji
ajtócsengő
kengele ya mlangoni
ajtó
mlango
szemetes
pipa la taka
postaláda
sanduku la barua
kert
bustani

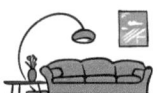

nappali

sebuleni

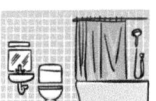

fürdőszoba

bafu

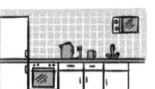

konyha

jikoni

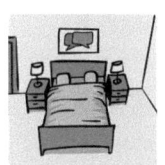

hálószoba

chumba cha kulala

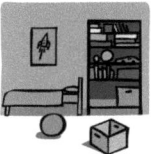

gyerekszoba

chumba ya mtoto

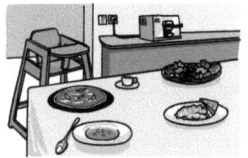

ebédlő

chumba cha kulia

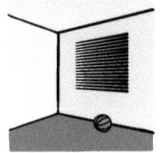

padló

sakafu

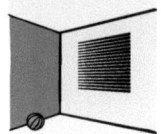

fal

ukuta

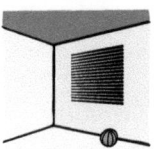

plafon

dari

pince

pishi

szauna

sauna

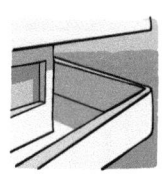

erkély

roshani

terasz

mtaro

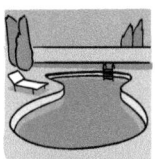

medence

kidimbwi

fűnyíró

mashine ya kukata nyasi

lepedő

karatasi

ágytakaró

kitambaa cha kupamba
kitanda

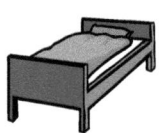

ágy

kitanda

seprű

ufagio

vödör

ndoo

kapcsoló

kubadili

nappali
sebuleni

tapéta
mandhari
kép
picha
lámpa
taa
polc
rafu
szekrény
kabati
televízió
televisheni/runinga
kandalló
mekoni
virág
ua
párna
mto
kanapé
sofa
váza
chombo cha maua
távirányító
kitenzambali

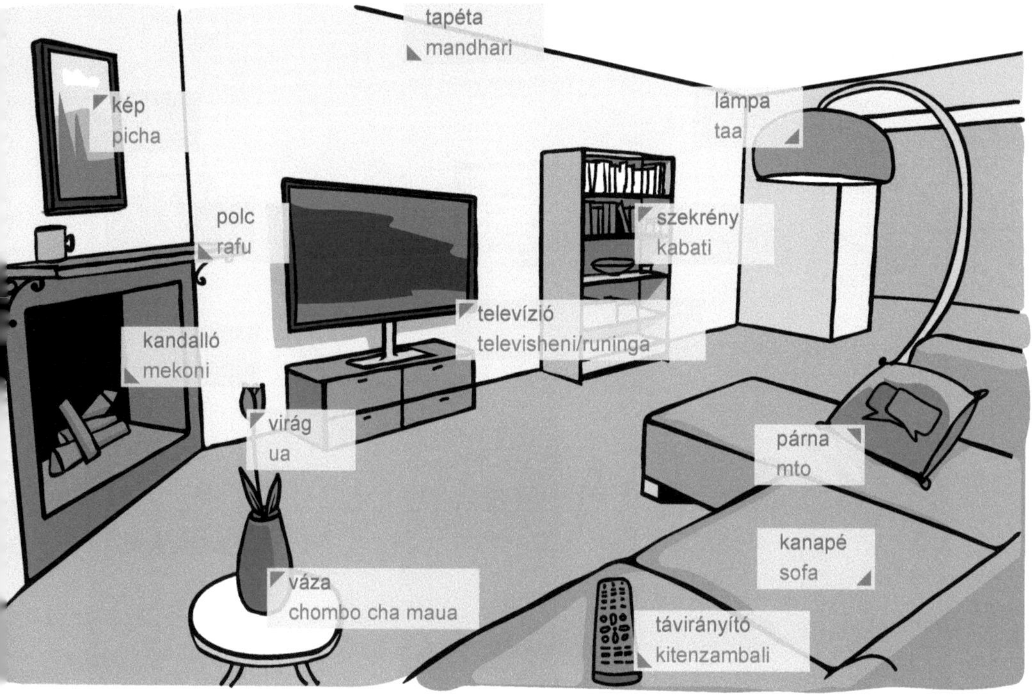

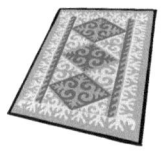

szőnyeg

zulia

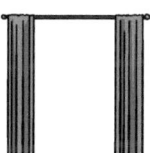

függöny

pazia

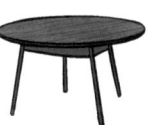

asztal

meza

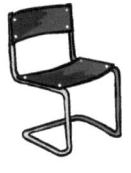

szék

kiti

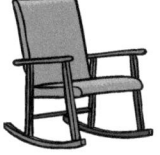

hintaszék

kiti cha bembea

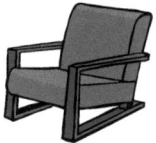

karosszék

armchair

könyv

kitabu

takaró

blanketi

dekoráció

mapambo

tűzifa

kuni

film

filamu

hifi

kifaa cha hi-fi

kulcs

ufunguo

újság

gazeti

festmény

uchoraji

poszter

bango

rádió

redio

jegyzetfüzet

daftari

porszívó

kifyonza

kaktusz

dungusi kakati

gyertya

mshumaa

konyha
jikoni

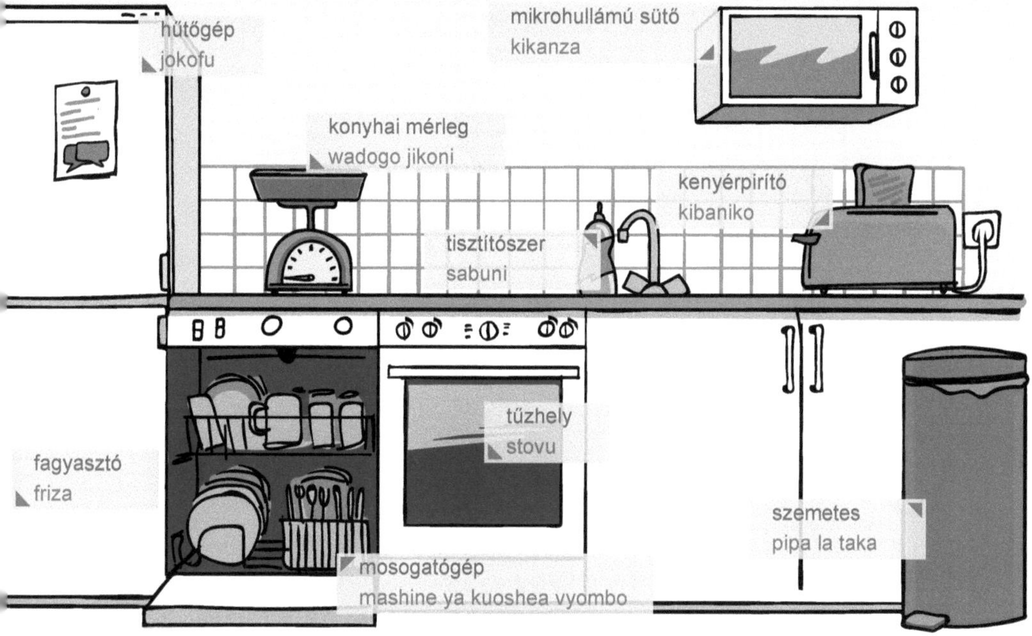
hűtőgép
jokofu
mikrohullámú sütő
kikanza
konyhai mérleg
wadogo jikoni
kenyérpirító
kibaniko
tisztítószer
sabuni
tűzhely
stovu
fagyasztó
friza
szemetes
pipa la taka
mosogatógép
mashine ya kuoshea vyombo

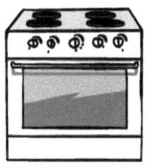

tűzhely

jiko la kupika

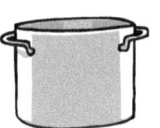

edény

chungu

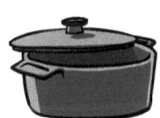

vasfazék

sufuria ya chuma

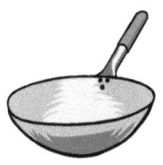

wok / kadai

wok / kadai

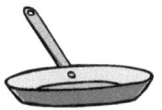

serpenyő

kaango

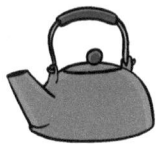

vízforraló

birika

pároló

stima

tepsi

sinia ya kuoka

étkészlet

vyombo vya udongo

bögre

kombe

tálka

bakuli

evőpálcika

vijiti vya kulia

merőkanál

ukawa

keverőlapátka

mwiko mpana

habverő

burashi

szűrő

kichujio

szita

chujio

reszelő

mbuzi

mozsár

chokaa

grillsütő

barbeque

kandalló

moto wazi

vágódeszka

ubao wa majaribio

sodrófa

kijiti cha kusukuma unga

dugóhúzó

kizibuo

doboz

kopo

konzervnyitó

inaweza kopo

edényfogó

kishikio cha chungu

mosogató

karo

kefe

brashi

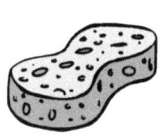

szivacs

sifongo

turmixgép

kisagaji matunda

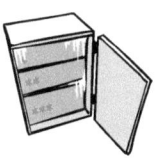

mélyhűtő

friji ya kina

cumisüveg

chupa ya mtoto

csap

bomba

fürdőszoba

bafu

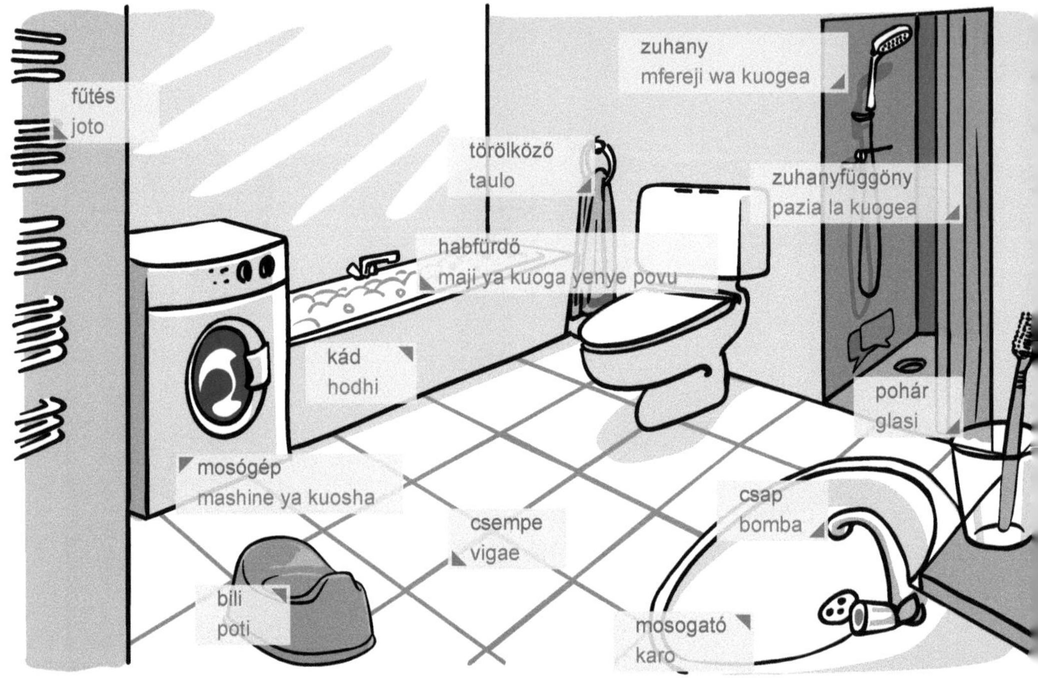

fűtés
joto
törölköző
taulo
zuhany
mfereji wa kuogea
zuhanyfüggöny
pazia la kuogea
habfürdő
maji ya kuoga yenye povu
kád
hodhi
pohár
glasi
mosógép
mashine ya kuosha
csap
bomba
csempe
vigae
bili
poti
mosogató
karo

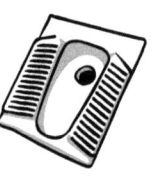

toalett

choo

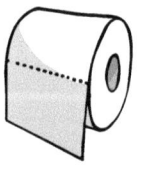

guggolós toalett

choo cha squat

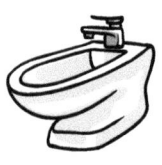

bidé

beseni la mviringo

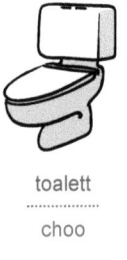

piszoár

choo cha umma

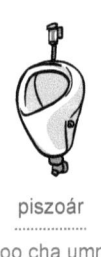

toalett papír

shashi

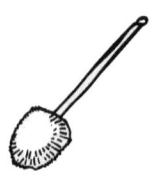

wc kefe

brashi ya choo

fogkefe
mswaki

fogkrém
dawa ya meno

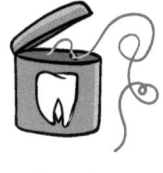
fogselyem
dawa ya meno

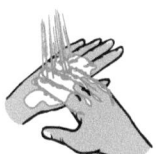
mosni
safisha

kézi zuhany
kuoga mkono

intimzuhany
msukumo wa maji

mosdótál
bonde

hátmosó kefe
mpako wa pili

szappan
sabuni

tusfürdő
jeli ya kuogea

sampon
shampuu

mosdókesztyű
flana

lefolyó
toa maji

krém
krimu

dezodor
kiondoa harufu

tükör

kioo

kézitükör

kioo mkono

borotva

kinyozi

borotvahab

povu la kunyoa

borotválkozás utáni
arcszesz

baada ya kunyoa

fésű

kichana

hajkefe

brashi

hajszárító

kikausha nywele

hajlakk

marashi ya nyewele

smink

vipodozi

ajakrúzs

kidomwa

körömlakk

varnish ya msumari

vatta

pamba

körömvágó olló

mkasi wa kucha

parfüm

manukato

40   **fürdőszoba - bafu**

neszesszer

mkoba wa kuosha

sámli

kinyesi

mérleg

mizani

köntös

nguo ya kuoga

gumikesztyű

glavu za mpira

tampon

kisodo

egészségügyi betét

sodo

vegyi WC

kemikali choo

gyerekszoba
chumba ya mtoto

ébresztő óra
saa ya kengele
plüssállat
kidoli cha kupakata
játékautó
gari bandia
csörgő
kelele
babaház
chumba cha midoli
ajándék
sasa

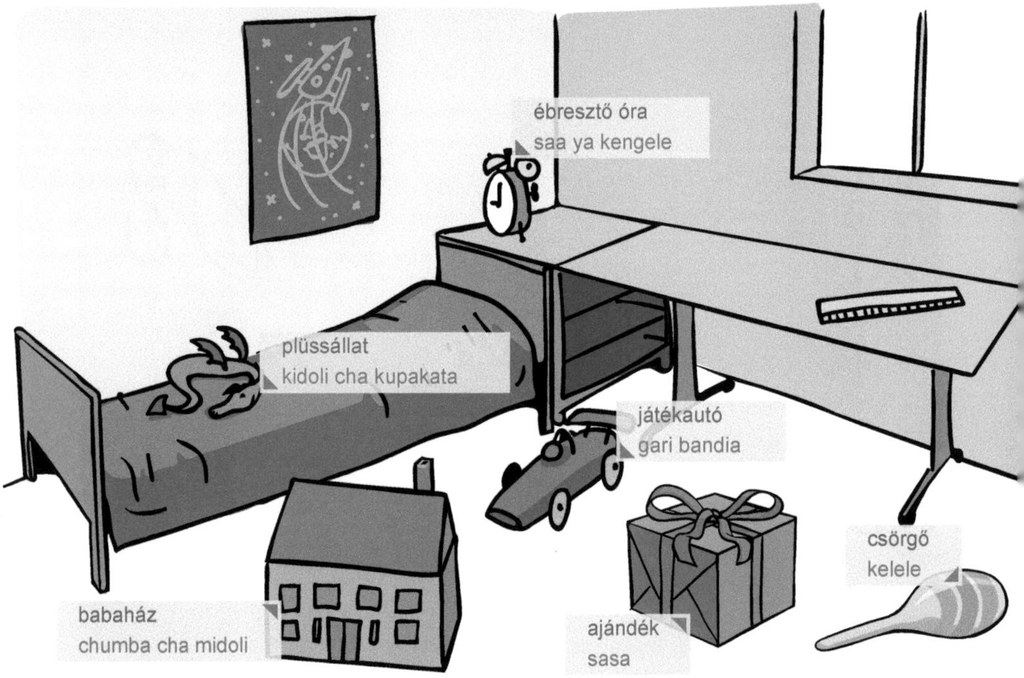

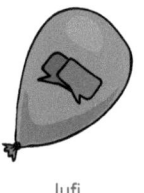

lufi

baluni

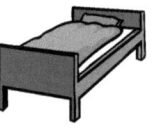

ágy

kitanda

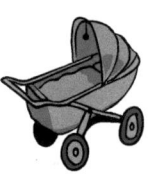

babakocsi

mashua

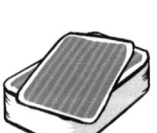

kártyapakli

staha ya kadi

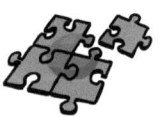

kirakós játék

mchezo-fumb

SUPER
MEGA

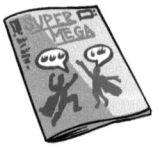

képregény

vichekesho

építőkockák

matofali lego

építőelem

vitalu mwigo

szuperhős

hatua takwimu

rugdalózó

suti ya kulalia

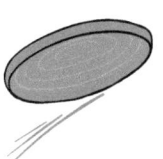

frizbi

kisahani

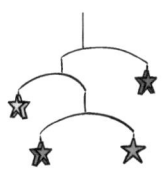

zenélő forgó

simu

társasjáték

ubao wa michezo

kocka

kete

modellvasút

garimoshi mwigo

cumi

dummy

zsúr

chama

képeskönyv

picha kitabu

labda

mpira

baba

kikaragosi

játszani

kucheza

homokozó

shimo la mchanga

hinta

bembea

játékok

vitu bandia

videójáték konzol

kiweko cha video ya mchezo

tricikli

baiskeli ya magurudumu

teddi maci

mwanasesere

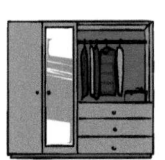

ruhásszekrény

kabati

matatu

zokni

soksi

harisnya

stokingi

harisnyanadrág

kibano

sál
skafu

öv
ukanda

esernyő
mwavuli

póló
fulana

tornacipő
wakufunzi

csizma
viatu

papucs
ndara

szandál
malapa

cipő
viatu

gumicsizma
mabuti ya mpira

alsónadrág
suruali ya ndani

melltartó
sidiria

mellény
fulana

ruházat - nguo

45

body

mwili

nadrág

suruali

farmer

dangirizi

szoknya

sketi

blúz

blauzi

ing

shati

pulóver

vuta

kapucnis pulóver

sweta

blézer

bleza

dzseki

jaketi

kabát

koti

esőkabát

koti la mvua

kosztüm

maleba

ruha

gauni

esküvői ruha

mavazi ya harusi

öltöny

suti

hálóing

vazi la usiku

pizsama

pajama

szári

sari

fejkendő

skafu

turbán

kilemba

burka

burka

kaftán

kaftan

abaya

abaya

fürdőruha

vazi la kuogelea

fürdőnadrág

vazi la kiume la kuogelea

rövidnadrág

kaptura

tréningruha

teitei

kötény

aproni

kesztyű

glavu

gomb

kifungo

szemüveg

glasi

karkötő

bangili

nyaklánc

mkufu

gyűrű

pete

fülbevaló

herini

sapka

kofia

vállfa

kiango cha koti

kalap

kofia

nyakkendő

tai

cipzár

zipu

bukósisak

kofia

nadrágtartó

kanda za suruali

iskolai egyenruha

sare za shule

egyenruha

sare

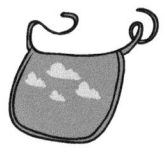

előke

bibu

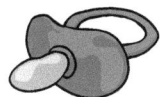

cumi

dummy

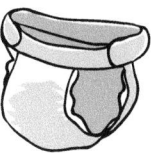

pelenka

nepi

iroda
ofisi

szerver
seva
irattartó szekrény
kabati la kuweka faili
papír
karatasi
nyomtató
kichapishaji
képernyő
kiwambo
íróasztal
dawati
egér
kipanya
mappa
folda
billentyűzet
kibodi
-hulladék gyűjtő
u cha kuweka karatasi chafu
szék
kiti
számítógép
kompyuta

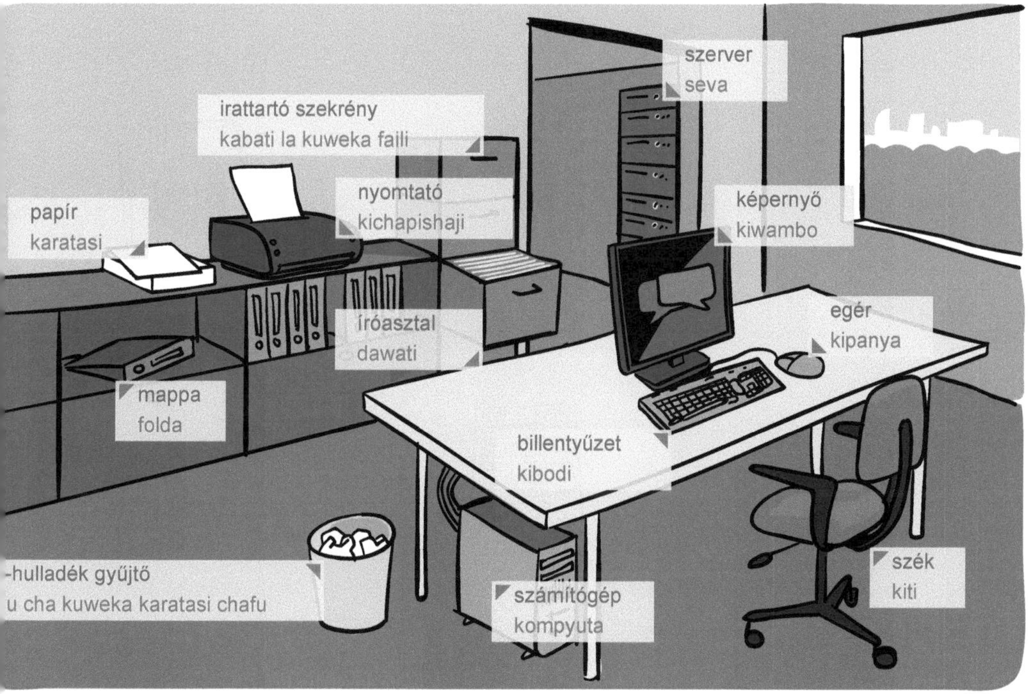

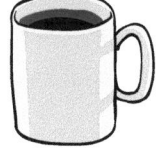

kávéscsésze

kmobe la kahawa

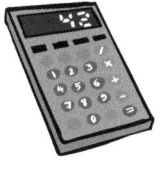

számológép

kikokotoo

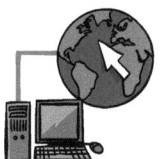

internet

biashara

laptop
mbali

levél
barua

üzenet
ujumbe

mobiltelefon
rununu

hálózat
intaneti

fénymásoló
fotokopia

szoftver
programu

telefon
simu

konnektor
soketi

faxgép
kipepesi

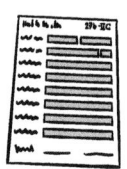

formanyomtatvány
fomu

dokumentum
hati

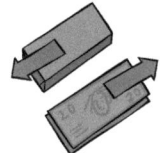

venni
kununua

fizetni
kulipa

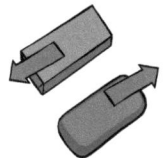

kereskedni
biashara

pénz
fedha

dollár
dola

euró
yuro

jen
yeni

rubel
rouble

svájci frank
faranga ya Uswisi

kínai jüan
renminbi yuan

rúpia
rupia

bankautomata
eneo la kulipia

valutaváltó iroda

ofisi ya ubadilishanaji

arany

dhahabu

ezüst

fedha

olaj

mafuta

energia

nishati

ár

bei

szerződés

mkataba

adó

kodi

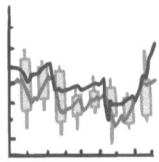

részvény

bidhaa

dolgozni

kazi

munkavállaló

mfanyakazi

munkaadó

mwajiri

gyár

kiwanda

üzlet

duka

foglalkozások
kazi

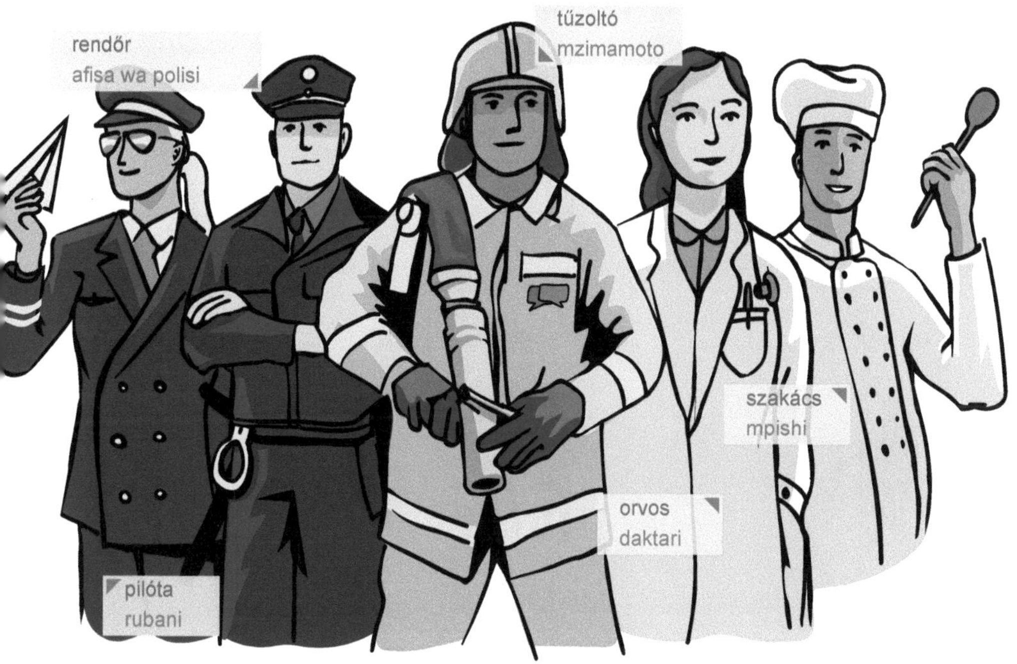
rendőr
afisa wa polisi
tűzoltó
mzimamoto
szakács
mpishi
orvos
daktari
pilóta
rubani

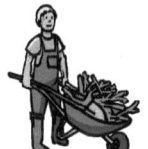

kertész
mtunza bustani

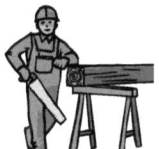

kárpitos
seremala

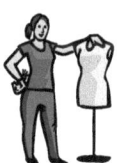

varrónő
mshonaji

bíró
hakimu

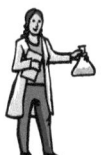

vegyész
mwanakemia

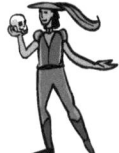

színész
muigizaji

buszsofőr
dereva wa basi

taxisofőr
dereva wa teksi

halász
mvuvi

bejárónő
mwanamke wa kusafisha

tetőfedő
mwezekaji

pincér
mhudumu

vadász
mwindaji

festő
mchoraji

pék
mwokaji

villanyszerelő
umeme

építőmunkás
mjenzi

mérnök
mhandisi

hentes
mchinjaji

vízvezeték-szerelő
fundi bomba

postás
mwanaposta

katona

mwanajeshi

építész

msanifu majengo

eladó

keshia

virágos

muuza maua

fodrász

msusi

kalauz

kondakta

műszerész

mekanika

kapitány

nahodha

fogorvos

daktari wa meno

tudós

mwanasayansi

rabbi

rabbi

imám

imamu

szerzetes

mtawa

lelkész

kasisi

szerszámok

zana

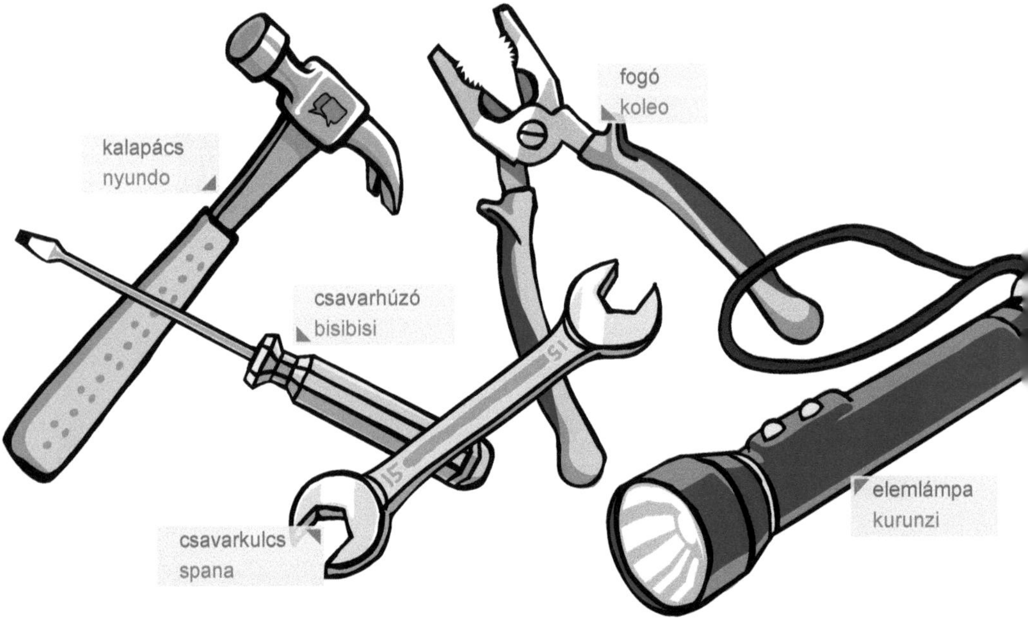
fogó
koleo
kalapács
nyundo
csavarhúzó
bisibisi
csavarkulcs
spana
elemlámpa
kurunzi

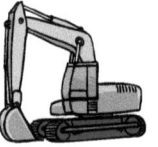

markológép

mchimbaji

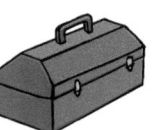

szerszámosláda

sanduku la vifaa

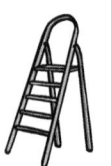

vödör

ngazi

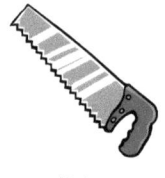

fűrész

msumeno

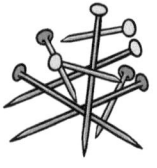

szög

misumari

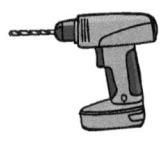

fúrógép

kuchimba visima

megjavítani

kukarabati

lapát

sepetu

A francba!

Lo!

szemétlapát

kishikio cha uchafu

festékesdoboz

chungu cha rangi

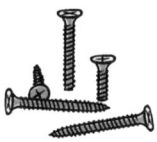

csavar

skurubu

hangszerek
ala za muziki

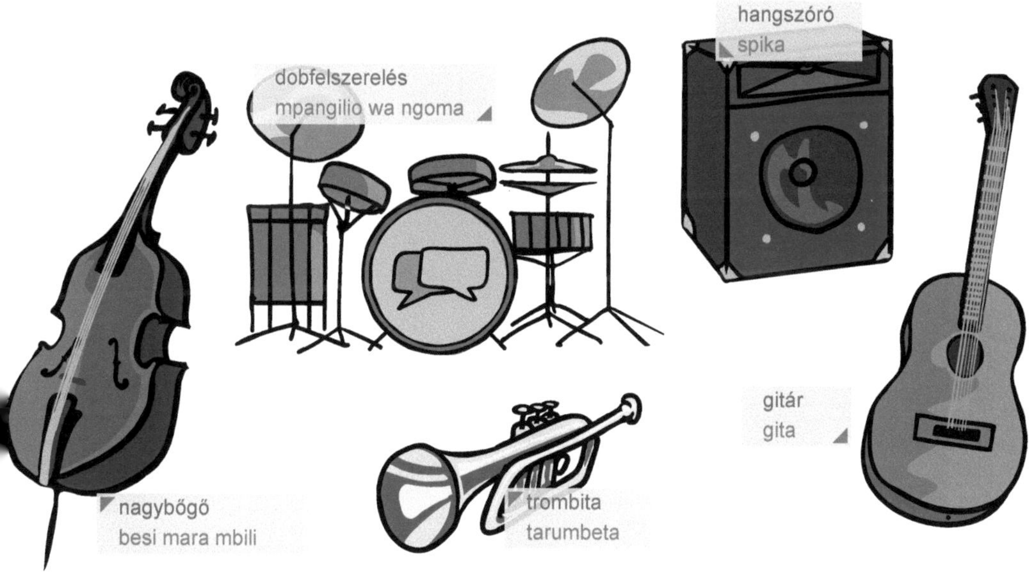

dobfelszerelés
mpangilio wa ngoma

hangszóró
spika

nagybőgő
besi mara mbili

gitár
gita

trombita
tarumbeta

zongora

piano

hegedű

fidla

basszusgitár

ubeji

üstdob

timpani

dobok

ngoma

digitális zongora

kibodi

szaxofon

saksafoni

fuvola

filimbi

mikrofon

maikrofoni

állatkert
bustani ya wanyama

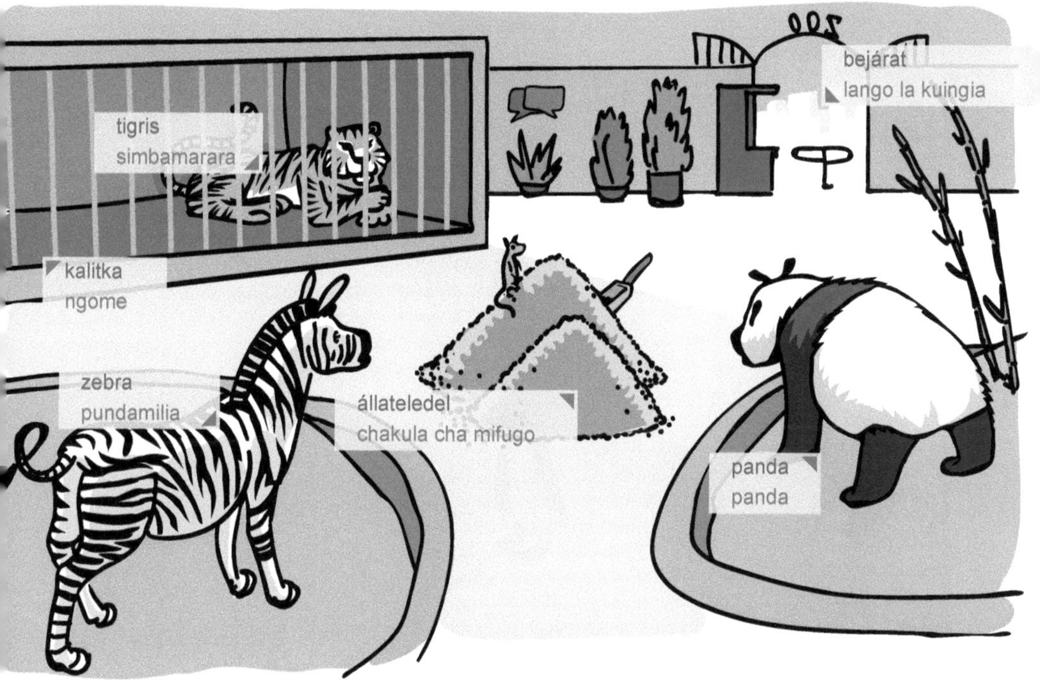

tigris
simbamarara
bejárat
lango la kuingia
kalitka
ngome
zebra
pundamilia
állateledel
chakula cha mifugo
panda
panda

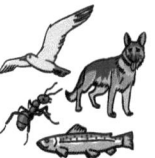

állatok

wanyama

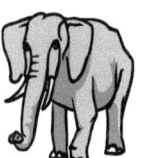

elefánt

tembo

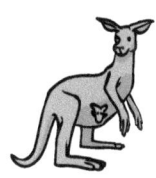

kenguru

kangaruu

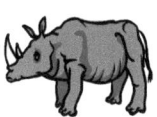

orrszarvú

kifaru

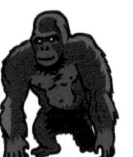

gorilla

sokwe

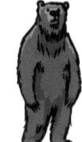

medve

dubu

teve

ngamia

strucc

mbuni

oroszlán

simba

majom

tumbili

flamingó

heroe

papagáj

kasuku

jegesmedve

dubu

pingvin

penguini

cápa

papa

páva

tausi

kígyó

nyoka

krokodil

mamba

állatgondozó

mtunza wanyama

fóka

muhuri

jaguár

jaguar

póniló
mwanafarasi

leopárd
chui

víziló
kiboko

zsiráf
twiga

sas
tai

vaddisznó
nguruwe mwitu

hal
samaki

teknős
kobe

rozmár
sili

róka
mbweha

gazella
paa

amerikai futball
soka ya marekani

kerékpározás
uendeshaji baiskeli

tenisz
tenisi

kosárlabda
mpira wa kikapu

úszás
kuogelea

jégkorong
magongo ya barafuni

boksz
ndondi

futball
soka

tollas
vinyoya

atlétika
riadha

kézilabda
mpira wa mikono

síelés
skii

lovaspóló
polo

tevékenységek
shughuli

ugrani
kuruka
ölelni
kumbatia
nevetni
cheka
sétálni
kutembea
énekelni
kuimba
álmodni
ota ndoto
dicsérni
kuomba
csókolni
busu

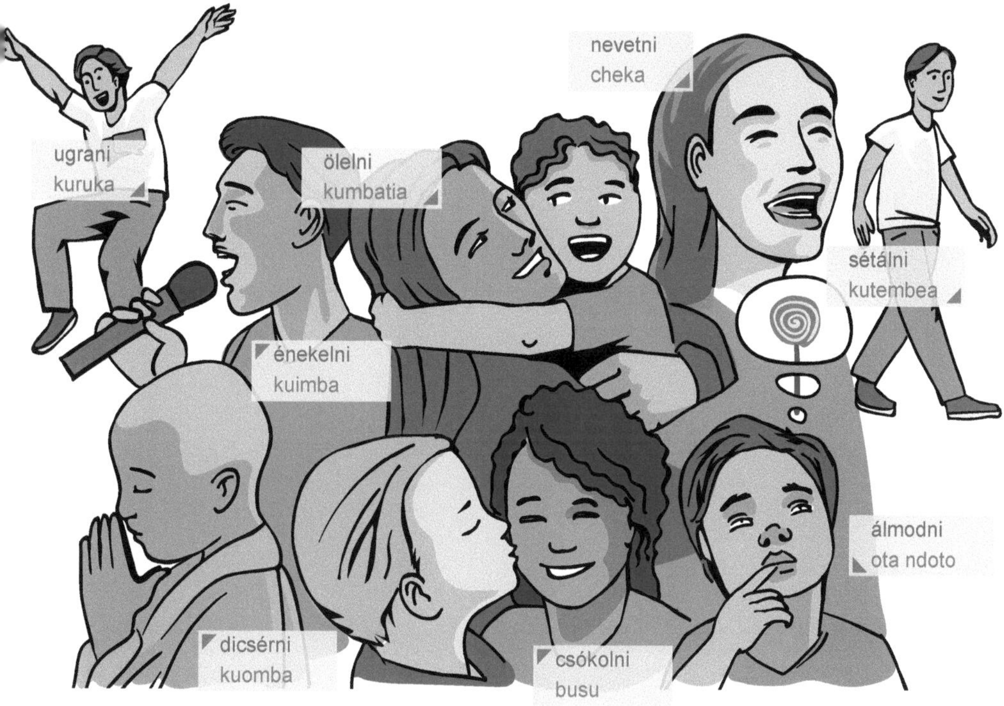

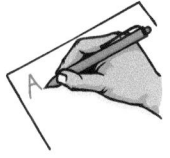

írni
kuandika

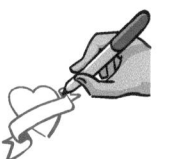

rajzolni
kuteka

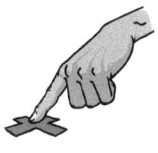

mutatni
angalia

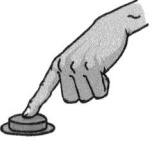

tolni
sukuma

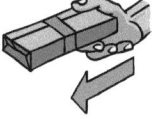

adni
kutoa

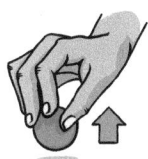

vinni
kuchukua

birtokolni
kuwa

csinálni
fanya

lenni
kuwa

állni
kusimama

futni
kukimbia

húzni
vuta

hajít
kutupa

esni
kuanguka

hazudni
hadaa

várni
kusubiri

vinni
kubeba

ülni
kukaa

felvenni
vaa nguo

aludni
usingizi

felébredni
kuamka

ránézni

kuangalia

sírni

lia

simogat

kiharusi

fésülni

chana nywele

beszélni

ongea

megérteni

kuelewa

kérdezni

kuuliza

hallgatni

kusikiliza

inni

kunywa

enni

kula

takarítani

nadhifisha

szeretni

upendo

főzni

mpishi

vezetni

gari

szállni

kuruka

vitorlázni

meli

számol

kokotoa

olvasni

kusoma

tanulni

kujifunza

dolgozni

kazi

házasodni

kuoa

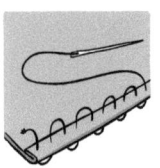

varrni

kushona

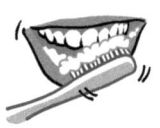

fogat mosni

piga mswaki

ölni

kuua

dohányozni

moshi

küldeni

kutuma

nagymama
bibi

nagypapa
babu

apa
baba

anya
mama

kisbaba
mtoto

lány
binti

fiú
bin

vendég
....
mgeni

nagynéni
....
shangazi

nagybácsi
....
mjomba

fiútestvér
....
kaka

lánytestvér
....
dada

test
mwili

homlok
paji la uso
szem
jicho
váll
bega
ujj
kidole
arc
uso
áll
kidevu
kéz
mkono
láb
mguu
mell
matiti
kar
mkono

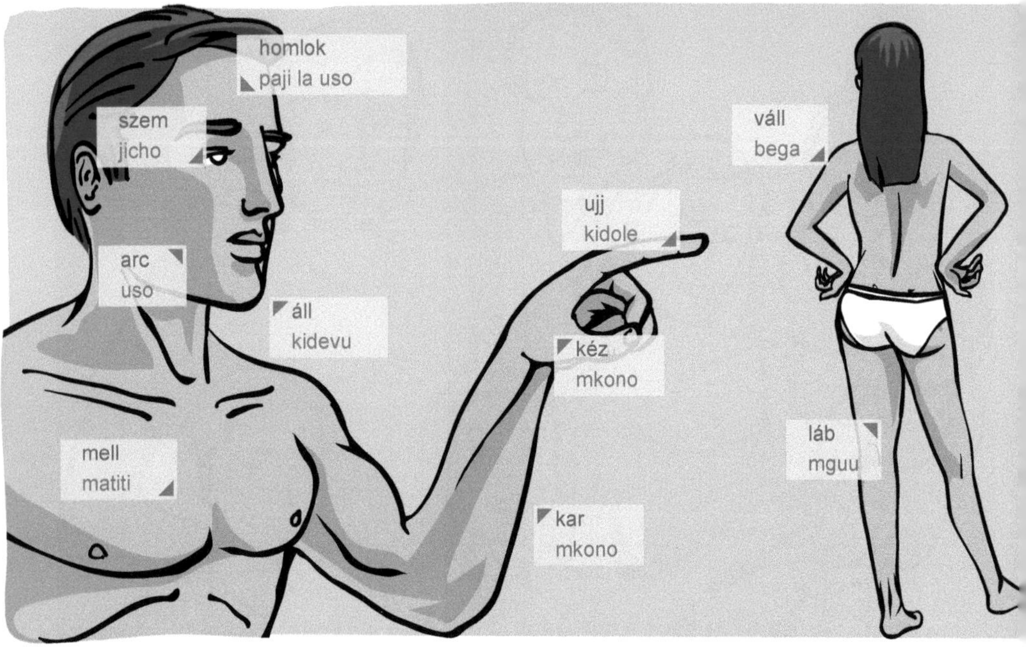

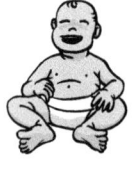

kisbaba
mtoto

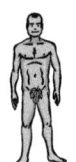

ember
mwanamume

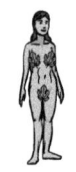

nő
mwanamke

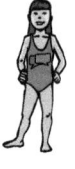

lány
msichana

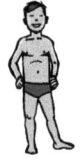

fiú
mvulana

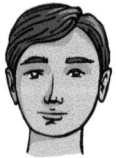

fej
kichwa

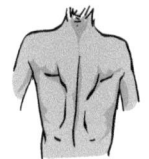

hát

nyuma

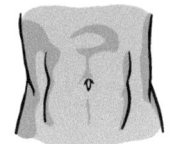

has

tumbo

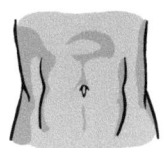

köldök

kitovu

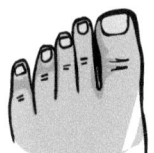

lábujj

chano

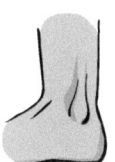

sarok

kisigino

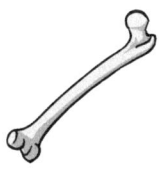

csont

mfupa

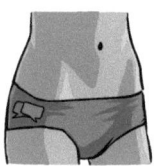

csípő

nyonga

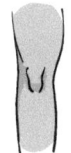

térd

goti

könyök

kiwiko

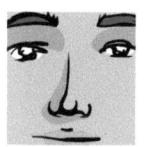

orr

pua

fenék

chini

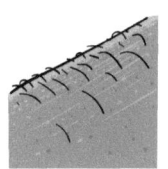

bőr

ngozi

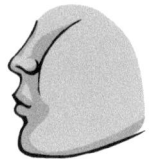

orca

shavu

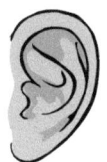

fül

sikio

ajak

mdomo

száj

kinywa

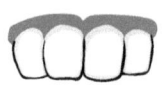

fog

jino

nyelv

ulimi

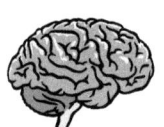

agy

ubongo

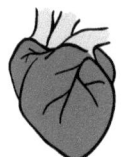

szív

moyo

izom

misuli

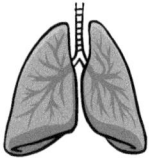

tüdö

pafu

máj

ini

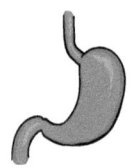

gyomor

tumbo

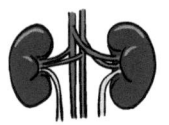

vese

figo

szex

jinsia

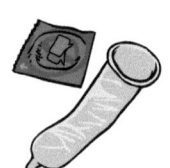

kondom

kondomu

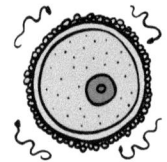

petesejt

ovari

sperma

shahawa

terhesség

mimba

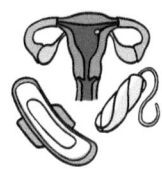

menstruáció

hedhi

vagina

uke

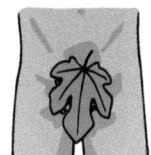

pénisz

uume

szemöldök

unyusi

haj

nywele

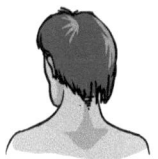

nyak

shingo

kórház
hospitali

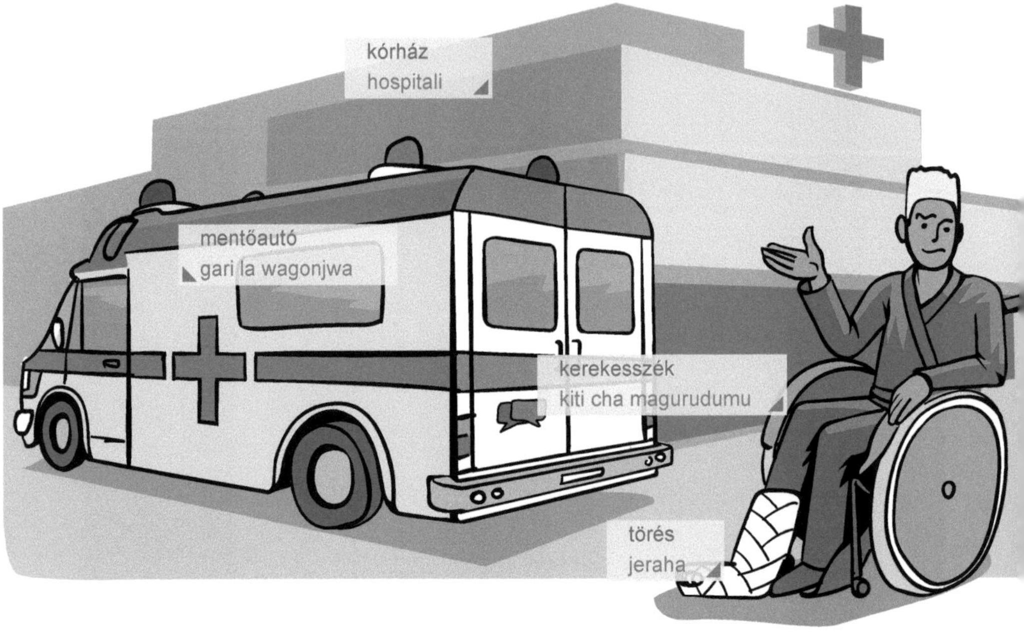

kórház
hospitali
mentőautó
gari la wagonjwa
kerekesszék
kiti cha magurudumu
törés
jeraha

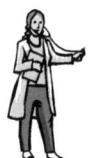

orvos

daktari

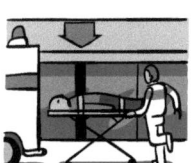

sürgősségi osztály

chumba cha dharura

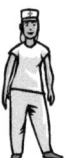

ápoló

muuguzi

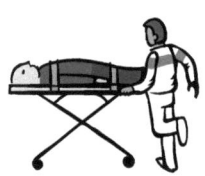

vészhelyzet

dharura

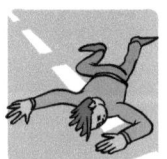

eszméletlen

kupoteza fahamu

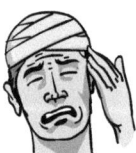

fájdalom

maumivu

sérülés

kuumia

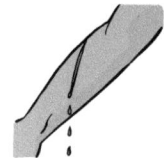

vérzés

kutokwa na damu

szívroham

mshtuko wa moyo

szélütés

kiharusi

allergia

mzio

köhögés

kikohozi

láz

homa

influenza

mafua

hasmenés

kuharisha

fejfájás

maumivu ya kichwa

rák

kansa

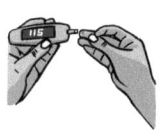

cukorbetegség

ugonjwa wa kisukari

sebész

daktari mpasuaji

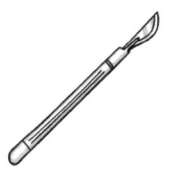

szike

kisu kidogo cha kupasulia

műtét

operesheni

CT

picha changanufu ya mwili

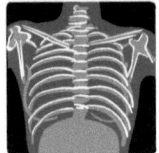

röntgen

Eksrei

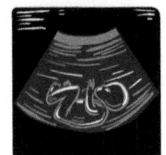

ultrahang

mawimbi sauti

arcmaszk

barakoa ya uso

betegség

ugonjwa

váróterem

chumba cha kusubiri

mankó

mkongojo

sebtapasz

plasta

kötszer

bendeji

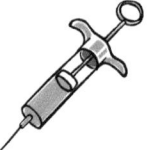

injekció

sindano

sztetoszkóp

stetoskopu

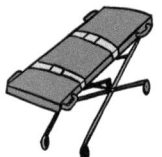

hordágy

machela

klinikai hőmérő

kipimajoto cha kliniki

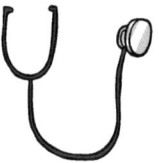

születés

kuzaliwa

túlsúly

unene kupita kiasi

kórház - hospitali

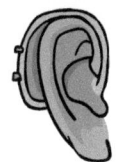

hallókészülék

kusikia misaada

fertőtlenítőszer

kipukusi

fertőzés

maambukizi

vírus

virusi

HIV/AIDS

VVU / UKIMWI

orvosság

dawa

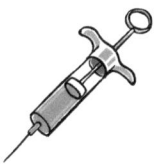

oltás

chanjo

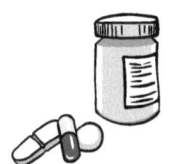

tabletták

vidonge

tabletta

kidonge

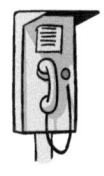

sürgősségi hívás

simu ya dharura

vérnyomásmérő

haemodainamometa

betegség / egészség

mgonjwa / mwenye afya

Segítség!

Msaada!

riasztás

kengele

rajtaütés

pigo

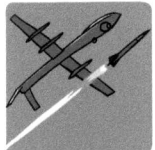

támadás

shambulizi

veszély

hatari

vészkijárat

lango la dharura

tűz!

Moto!

tűzoltókészülék

kizima moto

baleset

ajali

elsősegélycsomag

vifaa vya huduma ya kwanza

SOS

wito wa msaada

rendőrség

polisi

Európa

Ulaya

Észak-Amerika

Amerika ya Kaskazini

Dél-Amerika

Amerika ya Kusini

Afrika

Afrika

Ázsia

Asia

Ausztrália

Australia

Atlanti-óceán

Atlantiki

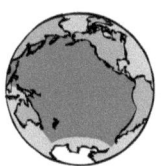

Csendes-óceán

Pasifiki

Indiai-óceán

Bahari ya Hindi

Déli-óceán

Bahari ya Antaktiki

Jeges-tenger

Bahari ya Aktiki

Északi-sark

Ncha ya Kaskazini

Déli-sark

Ncha ya Kusini

Antarktisz

Antaktika

föld

dunia

szárazföld

nchi

tenger

bahari

sziget

kisiwa

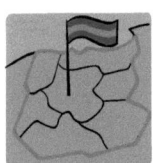

nemzet

taifa

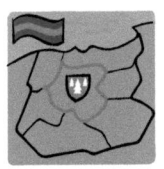

állam

jimbo

számlap

uso wa saa

kismutató

akrabu ya saa

nagymutató

akrabu ya dakika

másodpercmutató

akrabu ya sekunde

Mennyi az idő?

Ni saa ngapi?

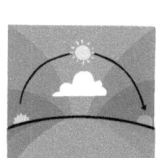

nap

siku

idő

wakati

most

sasa

digitális óra

saa ya dijitali

perc

dakika

óra

saa

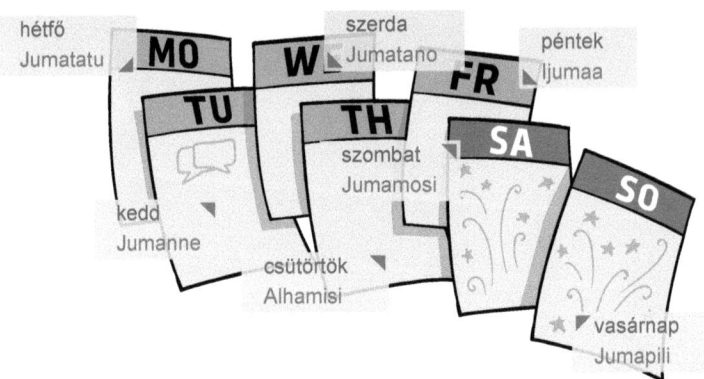

hétfő
Jumatatu

szerda
Jumatano

péntek
Ijumaa

szombat
Jumamosi

kedd
Jumanne

csütörtök
Alhamisi

vasárnap
Jumapili

tegnap

jana

ma

leo

holnap

kesho

reggel

asubuhi

dél

saa sita mchana

este

jioni

MO	TU	WE	TH	FR	SA	SU
1	2	3	4	5	6	7
8	9	10	11	12	13	14
15	16	17	18	19	20	21
22	23	24	25	26	27	28
29	30	31	1	2	3	4

hétköznap

siku za biashara

MO	TU	WE	TH	FR	SA	SU
1	2	3	4	5	6	7
8	9	10	11	12	13	14
15	16	17	18	19	20	21
22	23	24	25	26	27	28
29	30	31	1	2	3	4

hétvége

mwishoni mwa wiki

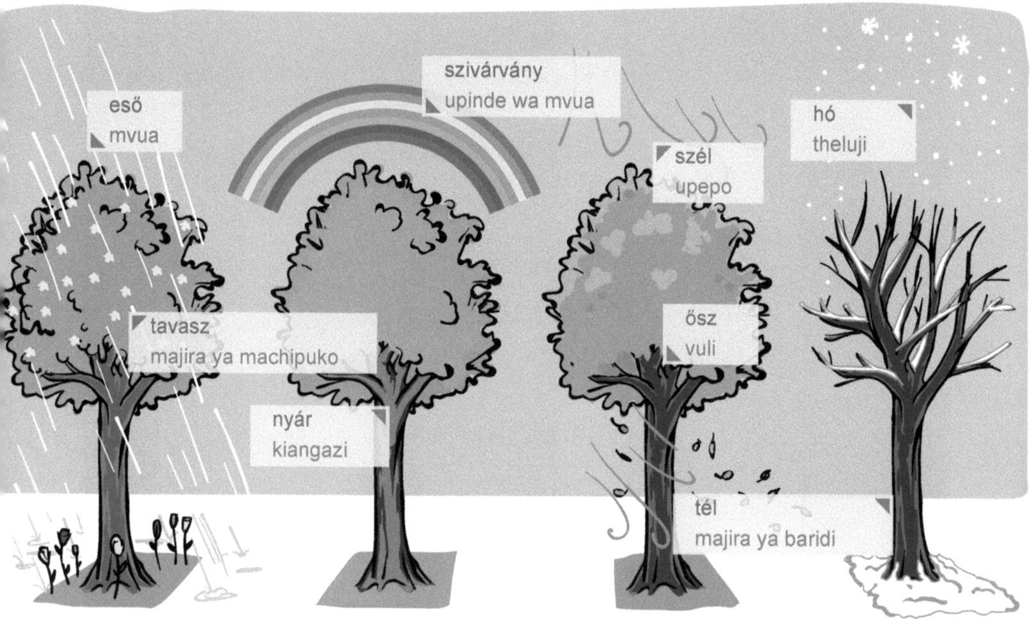

eső
mvua

szivárvány
upinde wa mvua

szél
upepo

hó
theluji

tavasz
majira ya machipuko

nyár
kiangazi

ősz
vuli

tél
majira ya baridi

4.APRIL	11°	☀
5.APRIL	4°	
6.APRIL	13°	
7.APRIL	8°	☀
8.APRIL	10°	☀

időjárás előrejelzés
utabiri wa hali ya hewa

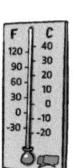

hőmérő
kipimajoto

napsütés
mwanga wa jua

felhő
wingu

köd
ukungu

páratartalom
unyevu

villámlás

umeme

mennydörgés

radi

vihar

dhoruba

jégeső

mvua ya mawe

monszun

monsuni

áradás

mafuriko

jég

barafu

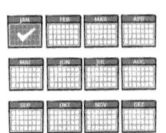

január

Januari

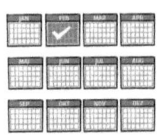

február

Februari

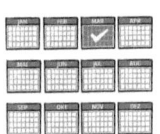

március

Machi

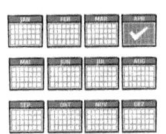

április

Aprili

május

Mei

június

Juni

július

Julai

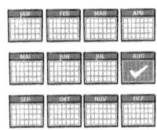

augusztus

Agosti

év - mwaka

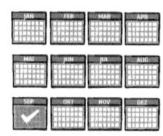

szeptember
....
Septemba

október
....
Oktoba

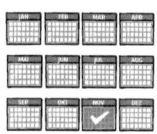

november
....
Novemba

december
....
Desemba

alakzatok
maumbo

kör
....
mduara

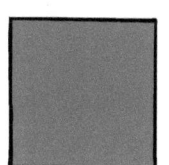

négyzet
....
mraba

téglalap
....
mstatili

háromszög
....
pembetatu

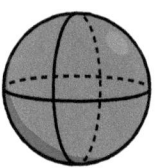

gömb
....
nyanja

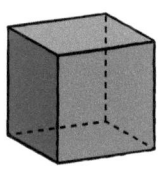

kocka
....
mchemraba

fehér

nyeupe

sárga

manjano

narancs

chungwa

rózsaszín

rangi ya waridi

piros

nyekundu

lila

hudhurungi

kék

bluu

zöld

kijani

barna

hanja

szürke

jivujivu

fekete

nyeusi

sok / kevés

mengi / kidogo

mérges / nyugodt

hasira / pole

szép / csúnya

nzuri / mbaya

kezdet / vég

mwanzo / mwisho

nagy / kicsi

kubwa / ndogo

világos / sötét

angavu / giza

fivér / nővér

kaka / dada

tiszta / koszos

safi / chafu

teljes / nem teljes

kamilika / tokamilika

nappal / éjszaka

siku / usiku

halott / élő

wafu / hai

széles / keskeny

pana / nyembamba

ehető / nem ehető

kulika / kutolika

gonosz / kedves

ovu / ema

izgatott / unott

sisimkwa / udhika

kövér / vékony

nene / nyembamba

első / utolsó

kwanza / mwisho

barát / ellenség

rafiki / adui

teli / üres

jaa / tupu

kemény / puha

ngumu / laini

nehéz / könnyű

nzito / nyepesi

éhség / szomjúság

njaa / kiu

betegség / egészség

mgonjwa / mwenye afya

illegális / legális

haramu / kisheria

intelligens / buta

akili / kijinga

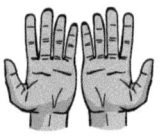

bal / jobb

kushoto / kulia

közel / távol

karibu / mbali

új / használt

mpya / kutumika

semmi / valami

kitu / jambo

idős / fiatal

zee / changa

be / ki

waka / zima

nyitva / zárva

wazi / fungwa

csendes / hangos

utulivu / kelele

gazdag / szegény

tajiri / masikini

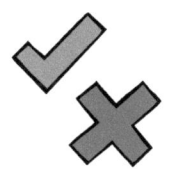

helyes / helytelen

sahihi / kosa

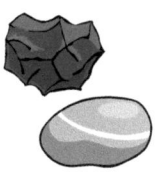

érdes / sima

mbaya / laini

szomorú / vidám

huzunika / furahia

rövid / hosszú

fupi /ndefu

lassú / gyors

polepole / haraka

nedves / száraz

nyevu / kavu

meleg / hideg

joto / baridi

háború / béke

vita / amani

0	**1**	**2**
nulla	egy	kettő
sufuri	moja	mbili

3	**4**	**5**
három	négy	öt
tatu	nne	tano

6	**7**	**8**
hat	hét	nyolc
sita	saba	nane

9	**10**	**11**
kilenc	tíz	tizenegy
tisa	kumi	kumi na moja

12

tizenkettö
kumi na mbili

13

tizenhárom
kumi na tatu

14

tizennégy
kumi na nne

15

tizenöt
kumi na tano

16

tizenhat
kumi na sita

17

tizenhét
kumi na saba

18

tizennyolc
kumi na nane

19

tizenkilenc
kumi na tisa

20

húsz
ishirini

100

száz
mia

1.000

ezer
elfu

1.000.000

millió
milioni

angol

Kiingereza

amerikai angol

Kiingereza cha Marekani

mandarin kínai

Kimandarini cha Uchina

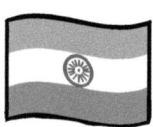

hindi

Kihindi

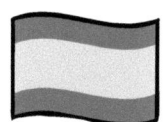

spanyol

Kihispania

francia

Kifaransa

arab

Kiarabu

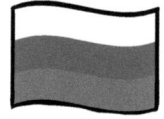

orosz

Kirusi

portugál

Kireno

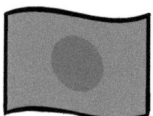

bengáli

Kibengali

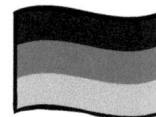

német

Kijerumani

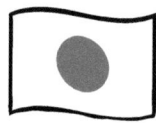

japán

Kijapani

én

mimi

te

wewe

ő

yeye / yeye / ni

mi

sisi

ti

wewe

ők

wao

ki?

nani?

mi?

nini?

hogyan?

jinsi gani?

hol?

wapi?

mikor?

lini?

név

jina

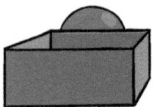

mögött

nyuma

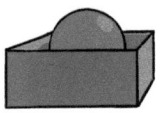

benne

katika

elötte

mbele ya

felette

juu ya

rajta

kwenye

alatta

chini ya

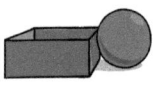

mellett

kando

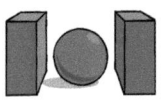

között

kati

hely

mahali